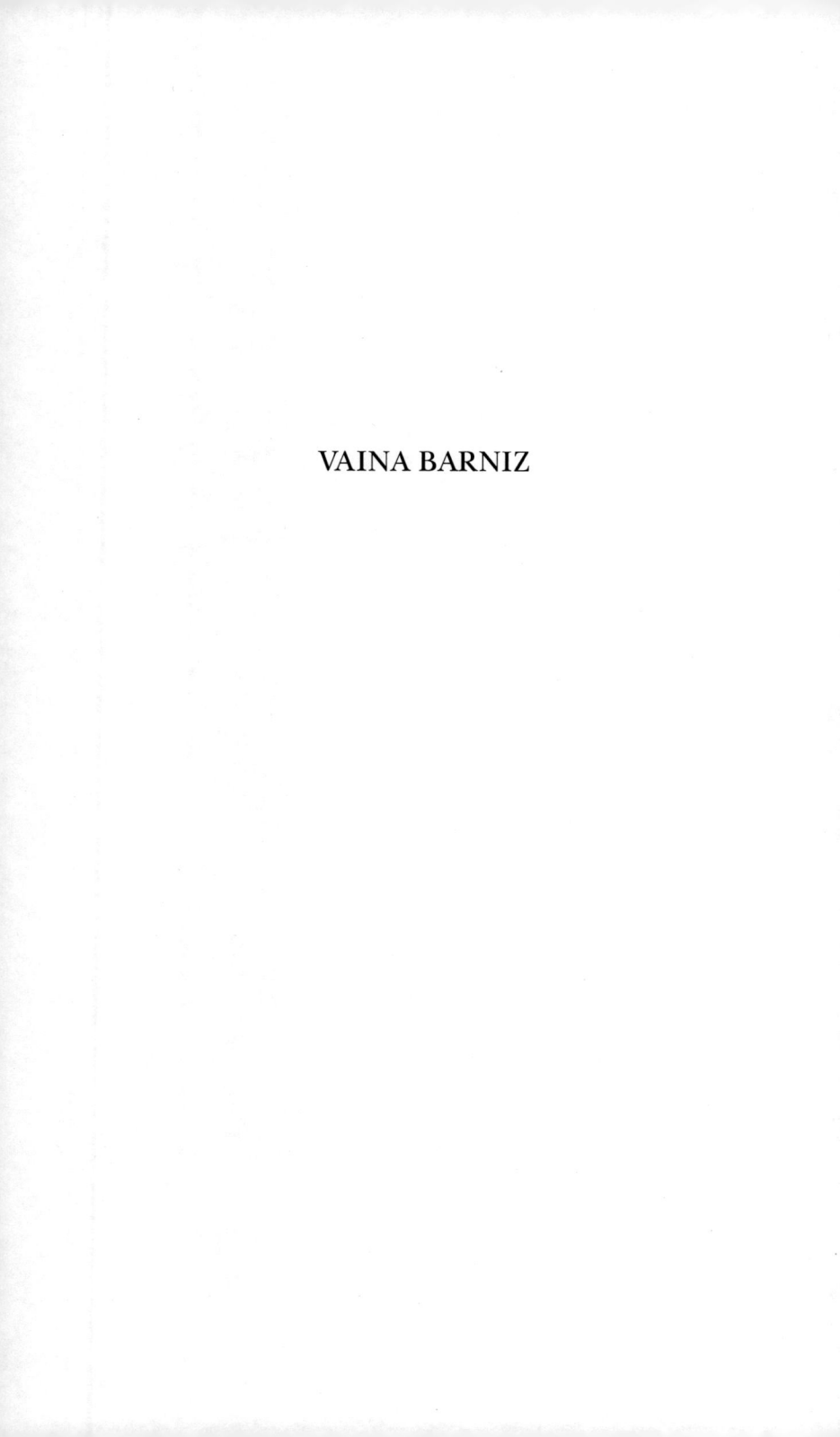

VAINA BARNIZ

VAINA BARNIZ

DAVID CAULFIELD WHITE

Valparaíso
EDICIONES

Número 543 de la Colección VALPARAÍSO DE POESÍA
dirigida por FEDERICO DÍAZ-GRANADOS

Diseño de colección y portada: Chari Nogales
Maquetación: Carlos Henson

Primera edición: enero de 2026
© De los poemas: David Caulfield White
© Imagen de portada: LUMEZIA

© Valparaíso Ediciones
C/ Fray Leopoldo, 7 bajo, 18014 Granada
www.valparaisoediciones.es

ISBN: 979-13-88007-03-3
Depósito Legal: GR 42-2026

Impreso en España - *Printed in Spain*
Gráficas Gami

VAINA BARNIZ

A mi niño interior, por crecer.
A Denis Pascon, por enhebrar los hilos y hacer cicatrices.
A María Beleña, por la traducción.
A vosotros, por quererme.

Every jump, every single beat
They were born from your body
And I'm carried by the sound
Oh, ooh love
They'll never break the shape we take
Oh, ooh
Baby let all them voices slip away
PERFUME GENIUS

I've been tearing around in my fucking nightgown
24/7 Sylvia Plath
Writing in blood on the walls
'Cause the ink in my pen don't work in my notepad
Don't ask if I'm happy, you know that I'm not
But, at best, I can say I'm not sad
'Cause hope is a dangerous thing for a woman like me to have
LANA DEL REY

…no un reflejo sino
una identidad astillada que captura la imitación.
LOGAN FEBRUARY

Ahora todas las llaves
son mías, aunque he escondido algunas
de mí mismo. Me enorgullezco
de mis regalos. Puedo diseñar para ti
un lugar de juegos, y cuando creas
que está allí todo oscuro, darte
fruta como dos bombillas hinchadas
de luz a las que aferrarse.
JERICHO BROWN

He dado el salto de mí al alba.
He dejado mi cuerpo junto a la luz
Y he cantado la tristeza de lo que nace.
ALEJANDRA PIZARNIK

La instrucción de uso:
*VAINA: **envoltura tierna** ya formada en la que **están***
***encerradas** en hilera **las semillas** de ciertas plantas y que está*
formada por dos piezas o malvas
*BARNIZ: Producto. Hecho a base de resina. Ayuda a **prevenir***
la humedad, de los agentes atmosféricos y del exterior; da
***belleza y resistencia física.** Deja una película en la superficie*
en la que ha sido aplicado*

*Extraídas y elaboradas a partir de las definiciones de la RAE / Wikipedia
en línea.

Cubrirse de un barniz
invisible,
caen las palabras al suelo,
mientras el dolor se cuela
en forma de espina,
la herida en la palabra
y yo ~~no~~ sonrío (imperceptiblemente);
el barniz invisible que produzco
lo cobija
todo.

Lo confundes con mansedumbre. La vaina.
Es mi valentía.

I

LA BESTIA

Invocar a las bestias que una vez señalan con sus ojos. Extraer para cavar. Quemar los barcos. Sentir la ceniza entre los límites de mi cuello. Y los dientes. Los dientes.

LAS PALABRAS

Mirarme con ojos de plástico,
esos que sujetan los que vienen a comer
y a murmurar,
mientras en los establos no hay ruido.
Y la lluvia pasa y el cielo es de un color lejano,
que no.

Las palabras surgen como madera vieja.
Las palabras convierten la cáscara negra.
Las palabras queman como vapor de géiser en la mejilla.
Las palabras inscritas en las paredes del inodoro.
Palabras que gritan las palabras de otros.

Palabras enredadera que se asemejan a las tuyas,
hasta que no sé distinguir si es tu odio o el mío
en mis palabras.

Me devuelves esa mirada de plástico
y ese rostro sin rostro,
correteando con la silueta de mis pesadillas,
y los pies y los brazos y la saliva y otra vez las palabras,
que son espacios que queman,
espacios de palabras y paredes
que no toco
y la arena y mis dedos y las alturas y los ojos cerrados
cierran las compuertas de ese metal afilado,
que choca y hace ruido
en su concavidad.

Las palabras.

Me paro a escucharlas
repiqueteando en las habitaciones
son arena con sus murallas y me aprietan las muñecas
en señal de servidumbre.
Soy un árbol viejo chocando
contra el establo de los cerdos
que vienen a comer.

Qué he de hacer con este cráter.
Qué he de hacer con estas heridas.
Dímelo,
con esta marca escarlata
en mi piel.

Las palabras reptan hasta mi cama.

LA INUTILIDAD

Mi cama está deformada
por lo que no se dice
como si lo estéril
quisiera alimentar a los cadáveres.

Es inútil.

Es inútil encontrar sentido sin barrer el polvo.
Es inútil intentar moverse con un ancla clavada en cada
    vértebra.
Es inútil, si la piel se quema
con el roce
al tocar los límites de otra piel

que ha de remover
con los tobillos
para no salir ardiendo.

Es el impulso quien ha de sacarme del bucle.
Es el amor.
Las manos de alguien que no está
pero está,
-espero, dentro-
mi silencio será un vector.
Un vector que parece un sol, un movimiento,
tal vez un espejo.

Y la habitación se anega de semillas
como si las nubes en lo alto fueran suficientes
para mostrarme la verdad:
el fuego también consume las cenizas
y lo nuevo, el acto
la curva de pólvora
va a comenzar.

LA CERCA DE METAL

Has dejado la cerca abierta,
la has dejado abierta y el barro ya está aquí
con sus dientes,
con sus risas, para decirme con un silencio que habla y que me
   juzga
a la vez,
como todo lo que intenta parar y cercenar
la cerca.
Y las reglas
las mentiras
las manos
que aplauden la voz en corro los ojos que me miran como
   testigos
como niños implacables que no dejarán de pedirme una
golosina.

Porque son niños, y sonríen con sus dientes
y es la cerca,
la puta cerca,
la que te has dejado abierta.

CORAZONES DE METAL

Nuestros corazones
se concibieron
de metal.

Mi herida interactúa con las tuyas
mientras los labios
se mezclan de un extraño alarido.
Y no sé, no sé si esto es un algo efímero
que traduzco como una casa
o una mordaza
hecha de un material parecido al terciopelo
pervertido por el agua
que a veces aprieta mi cuello
y a veces tu espalda
llena de sombras

es la nada

es el polvo que se encaja
en las aristas
sin posibilidad alguna
de redención.

Rompemos el cristal con los dedos
hacemos de la duda la certeza
con la que cortamos con lo que (no) nos decimos,
mientras me penetras
con hienas que no entienden
de vacío.

Y optamos por irnos
de este triste
zazú.

NUCANEGADA

El chico no entiende

tanto diente entre tanta sonrisa
la sangre desvestida entre las mangas
los ojos zombis y las bocas que empujan
directas a un raíl
que rompen huesos como si fueran
rocas.

El chico no entiende

quiere decir un no
que es golpeado
que le es negado
él mismo
es quien se asesta el hacha en la madera
en los labios del chico
es su sangre
un riachuelo
de flores muertas
un agujero sostiene su pecho.

El chico no entiende

un no negado es la marca
que golpeada hiere las vértebras
su propia valía
y calla,

el principio de sumisión
una piedra

en su nuca imaginada

EL DESENFOQUE

Quiero intuir
el porqué de quedarme en pause
tragar el nudo en crudo,
entender la afonía como principio.

El porqué de

ver tu vello salvaje por tu cara
y sentir
que lo es todo para mí   pero
escondo el deseo que se escurre
por la desembocadura
de un cohete
que conoce
el eludir de los cristales
el juicio sordo
en tus ojos.

Quiero intuir el porqué de escapar antes siquiera de empezar,
la razón de no poder abrir las puertas
ni mostrar lo que sé
transitar los descansillos como los perros
ahogarme siempre en la primera estrofa

ser la rueca tempestad
próxima al desastre,

el desenfoque aprendido de la vergüenza del miedo de la ira
por mostrar o no
el timbre o no el volumen de mi voz
o no
y así apretar mi propio cuerpo con un alambre
así erguirme como un oso.

Sentir el desenfoque
por ser otra cosa a este cuerpo de vidrio
que no puede
ni saber ser
lo que realmente es.

AGOSTO, OTOÑO

Hay un cuervo en el alféizar
la sombra se impone dentro
no puedo quererme tiernamente
mientras las venas en las muñecas
reman la corriente reiterativa
de la hélice
en mi cabeza.

Hay un cuervo en el alféizar
una mota en un alambre y el viento está soplando
no puedo quererme tiernamente
los tulipanes miran todos el reflejo
del violeta
en mi rostro,
golpe tras golpe
omitidos.

El río atrona,
soy un barco de papel girando sobre sí mismo
hasta desaparecer
por el desagüe.

El cuervo echará a volar.

HERIDA ABIERTA

Tengo una herida
abierta
la herida
que me encharca los pulmones
que reclama mis voluntades
a un firmamento corrupto
la herida
que hace que los botones se desaten
la herida
que permite a mi debilidad elevarse
o a los monstruos apostarse
la herida
que me grita mis limitaciones
y las tira
-a la vez-
a la papelera
la herida
que hace de este silencio una rebeldía
tatuada en mis manos,
que está presente
en cada hendidura
de mi cara avejentada
por cada golpe
la herida
que hace de todo
la confusión
se derrama por las fronteras
de este pedestal funambular

la herida
que maquilla azabache cada rincón
la herida
que me dijo de no hablar
de meter el dedo en la llaga
como si no si sí hubiera solución
a este dolor
la herida
que como un barco
se hunde en el fango
hasta llegar al centro
y hacerme revolución.

La herida abierta.

UN OTRO YO DE HACE TIEMPO

Me siento con mi otro yo
de hace tanto tiempo,
sujeto sus manos y sus lágrimas
como si fueran las hebras de una piel reseca
como si en lo extraordinario de un rechazo
no pudiese ver lo que yo he visto
a través del tiempo.

mi otro yo de hace tanto tiempo permanece mudo
como un topo royendo las semillas
la voluta y el temblor
de algo nuevo,
no quiere accionarlo quiere apagarlo pues cree que es mentira
su origen
y le acaricio el pelo y su pecho se hace agua,
royendo los agujeros que dejaron huecos los dientes,
él atrapa los silencios y sus dedos subrayan algo negro
que yo le digo y le susurro:
«será una herida será la cicatriz
será después un infinito una viuda será después tu salvación,
acaríciala,
como yo lo hago contigo,
horizonte».

mi otro yo de hace tanto tiempo permanece bajo la lluvia
mientras le almidono su silueta de porcelana,
el universo cayendo como una bifurcación
sobre él, que sonríe,

                                          por fin
                 el ojo de buey lo eclipsa por entero
percibe la viveza de las estrellas, a través del impacto de las lilas como
                                verdaderas tormentas eléctricas,
                                          en su cuerpo que
                                                        es
simiente.

SIENDO UN (ECO)

Siendo yo un joven adolescente tenía la fea costumbre de
hablar entre ecos, ecos, que no se escuchaban, que pedían
a voces que alguien sintonizara esa parte, como si un dios
pagano allá arriba escuchara el alarido mientras
yo pronunciaba un silencio, el
eco.
Siendo yo un joven adolescente me dibujé alas en la espalda,
espuelas en los tobillos y en mi sangre derramé un líquido
azul, alguna tinta para que se expurgara el veneno y de él se
elevara un estruendo, el eco del que romper las paredes y
hacer cicatrices, alunizajes en tierras desconocidas y hablar ese
idioma, ése, que me estaba prohibido.
Encerrado en las ventanas, escuchando, viendo como jugabais
fuera o en vuestras PANTALLAS. Yo sin saber ese idioma
era un (eco), un eco adolescente con fea costumbre pasando
páginas, alimentando a las criaturas con otros mundos,
no éste, nunca dando las páginas. Me dieron la traducción,
ecos, ecos saliendo de allí, ~~porque era gay y discapacitado, y~~
tenía que salir de allí.

II

CUERPO CORRUPTO

En el espejo hay un reflejo de un cristal roto. Roto como la carne que juzga sus salientes, de ella sale sangre y las garras destrozarán lo que las sombras del reflejo no han delimitado aún.

Es un cuerpo es la forma del barro que no ha encontrado su lugar.

LA FISURA DEL CUERPO

Mi cuerpo es un cometa y un cometa puede volar como un cuerpo. ¿Qué significado tiene tu respiración, si fuera un teclado del que surgieran melodías de color, podría ser? Un cuerpo es un conducto es una cueva a la que acceder, sin los ojos que me pusieron en una venda. No es ese hedor que me acercaste a la nariz. Un cuerpo es un ritmo diferente un baile al que sincronizarme. Llevar la casa a cuestas ha sido un lastre. Los zapatos deben dejarse a los pies de la cama, la luz de la mesita me interpela. El águila se mece. El cuerpo desnudo es como unos pies que penetran en el agua. Había piedras en los bolsillos, ahora son branquias. Un cuerpo corrupto (deforme) puede ser un cuerpo en ingravidez de azúcar. La ingravidez de azúcar se expande como la membrana de una medusa por mi boca. La lengua se entretiene. Mi cuerpo se desliza por la fisura es una fisura, y es el tacto de nuestros cuerpos el que me grita NORMALIDAD. Mi cuerpo es un cuerpo celeste, explota de luz al tocar superficie terrestre. ¿Qué significado tiene todo esto?

BUSCAR

Desnudarse delante de unos ojos
que no miran a la desnudez
solo miran dicen pretenden al deseo
no es no es a mi cuerpo no es no es a mi rostro
es lo que un lobo devora para saciar el hambre
de los huesos rebanados,
el ansia
por siluetas que fueron
una sombra
que se extingue
entre labios
que no.

Desnudarse delante mientras que de tanto no mirarse
surgen
los cadáveres
que una vez sí.
No soy suficiente.
No lo soy,
ni tú.

La cama está
llena de
materia
corrupta
y
maleable.

MEDIA MITAD

arre, mi cuerpo arre
un cuerpo que no se toca
que nadie desea
que mastica las sombras por mí.

donde la ceniza es ceniza, y las mieles fango
arre mi cuerpo, arre
que de él brotan sábanas de loza
y la extraña purificación nace de la luz
al fondo de un espejo
que nadie mira
que solo miro yo.

media mitad escindida
rechazada
media mitad amada
de ellas coso hebras
en este centro del espejo
hasta que de ellas una sola sale
en este centro
que soy yo.

EL DULCE PORVENIR

Pelo húmedo sin una gota de lluvia.

Incendio,
en
el
pelo húmedo
sin
una
gota de lluvia.

Trauma tarántula atravesándolo por entero,
inyecta la gota exacta al dulce porvenir;
y las gotas crecen como flores vivas,

que aún queman,
como el sudor.

Estalla como una bengala
detiene el tiempo que colapsa
el incendio el sudor
la tarántula.

ALAS DE MARIPOSA

Me arropas de noche,
ángel negro, con la boca en una grieta
te imploro,
te desmayas en mis sábanas.
Hueles a sudor y a barro, la lavanda ha caído sobre tus pies,
la boca con el color de la sangre
ahora es tuya.
Me susurras que el arcoíris arde.
Me retienes en tus brazos hasta la mañana que es un pozo como una
boca,
y me aseguras que guardarás las lágrimas diamantes que se me
escapan pececillos en la intemperie de un estanque.
Tus manos son piedras y el cuchillo emana de mis encías
sin descanso.
No hay nadie esperando en la puerta.
Me arropas con las alas de una mariposa, viertes hierba en mis oídos,
«no calles, no prendas antes de tiempo. Espera».
Hoy asfixio un sueño
con mis propias manos.

LA MANZANA

la manzana
viste preciosa dentro
de las marcas que le deja el pecado
empieza con
un respiro antes siquiera del rocío
la duda
el roce ese desliz entre los cuerpos desheredados
la colisión
del no entre sus dedos en todos sus ojos
reptan como las criaturas
desheredadas
de la cama vacía al deseo deshojado y la tensión
en las sombras de las calles
entre el destello y el miedo que sostienen las bombillas
somos aprendices
que transitan
en la muerte en la nieve esto es aquel cometa
es todo lo que sostiene el comienzo que se infiltra en la epidermis
el humo
es el tráfico de las manos que se encuentran
en la noche del cine
es la risa
es el miedo
es la verdad

de los árboles que cultivan manzanas corrompidas
entre sus brazos,

vivas.

EL SECRETO

El secreto de las mariposas
encerradas en un vaso
conteniendo la belleza contienen la fragilidad
tienen en sus manos la llave del color,
tienen la llave de la emoción
una fracción distinta
por la cual
será, serán arrancadas del hogar
no se mueven como las demás
no jugarán como los demás
su voz es terciopelo
sus ojos brillan como los reencuentros
y sus pestañas serán como los largos atardeceres
serán
el- los preludios de las noches de verano
donde las sombras descansarán yacerán
con otras sombras
tan hambrientas
tan deslizadas
en los límites de la carretera
entre el deseo las cerrillas
y las cerraduras.

Todo es, será
el secreto de las mariposas
que volarán y arderán y volarán y arderán mucho más arriba
hacia la luz
que las propias polillas
por muchas piedras y frases

que serán dagas que abrirán los cuellos
y después colgarán los pies
de las bellas y frágiles
y deslizantes
mariposas
que se moverán reptando y despacio
mitad depredador mitad presa acechando
preparadas
para correr
cien mil kilómetros,
y por mucho que las digan, por mucho que las repitan
el miedo, la ansiedad
no desaparecerá
por volar y por arder
ser mariposa es ser marica es ser lesbiana es ser transexual
es ser nobinarie es ser discapacitado es ser migrante es ser
negro es ser púrpuraes ser gorda es ser flaco es ser oblicuo es
no ser paralelo
es ser diferente

es ser.

TIZA BLANCA

Hombre, tu cuerpo me habla con hambre,
un hambre que palidece al vestido,
el mismo que llevas puesto
haces un antídoto con la palabra
y con la musicalidad arcillosa de tus caderas
el hambre me pide disculpas,
no sabía yo que florecer era también regar de sexo,
no sabía yo que
el apetito puede hacerse antídoto en los labios
y de tus labios emana algo ignoto,
nuestras mandíbulas
devoran el sexo de lo posible del cuerpo
que es corrupto y que es deforme y que es precioso
a la vez
es el deseo devorado por tus anhelos
me hablas con una claridad contundente, hambre,
y me pides disculpas por los años perdidos
mientras nuestros cuerpos dibujan con tiza blanca en el suelo
los límites de los sueños consumados
y mi cuerpo es pretensión viva
dentro,
desde
el tuyo.

LA SOLEDAD EN EL MEDIR

Qué humildad esto de medir la soledad.
Crece allí donde el polvo no parece asentarse
incluso con un poco de luz.

El rechazo es una hojarasca en tu mejilla
¿Cuántos centímetros ha crecido hoy?
es un lunar amargo es un lunar sonrisa
alojado cerca de las costillas
¿Cómo se quitará este hedor que pervive en el cuerpo
que participa de un ritmo
reservado, diminuto
que sólo él parece contestar?

HAS DE ACEPTAR LAS manos QUE acarician LA GUITARRA
QUE COMPONEN LA MELODIA MELODÍA que ES
OPACA Y ÁSPERA
El golpe retumba en tu cuerpo como una piedra
rompiendo una pared de plomo.
Gracias la soledad es tuya.

DISÉÑALA.
¡Sonreír es un paréntesis!
En este espacio
vacío
lleno de soledad.
HAZ TUYA LA SOLEDAD. DISÉÑALA.
ELIGE CADA HERIDA EN TU PIEL.

Enumera con los dedos cada lunar.
MUEVETE, aquí HAY PERSONAS QUE SERÁN LA CLAVE.
¿Y si hoy también midiera mi
soledad?

III

EL DUELO DEL AMOR

Irse como aquel que llama a una puerta de la que no nace un saludo. Hay a tus pies los pétalos que supieron, que han muerto en el umbral de una noche tan viva como rota tan rota como viva.

EL DESCANSO

Hay renuncia en las hojas, en las sombras de una presencia
que no alcanzas, en el cuello mancillado. En la plegaria que
es gasolina para el fuego. Hay renuncia en las fracturas de la
piel que acaricias, como si las curvas de tus venas fueran el
reflejo de las elecciones que nunca hiciste.
Qué es la cobardía.
Es esta hora púrpura
es esta carne que huele a muerte,
limpio su suciedad que habita
como un guisante en una cama despojada.
Son los golpes,
son las renuncias en los cuartos propios
son las fronteras que separan y las fotografías
que no tocan la luz
el silencio vocifera el azul de las uñas que se asfixian
todo huele a muerte,
tumba que cavo con los restos
y las pieles
de nuestras membranas.

Las renuncias.
Las renuncias.

TE INVENTÉ UN NOMBRE

Te inventé un nombre que te quitaste de la boca. Te inventé
un nombre, a falta de saber depositarte en las macetas del
jardín. ¿Qué es la violencia? Tocamos nuestras pieles, pero
yo existo en un exilio individual, en el sol que arde en las
noches que solo arden en mis dedos. Un ritmo silencio,
eunuco de ese cuerpo que no emana el deseo. Desafino al
tocarte, desafío al deseo, no recibo el trofeo, tus ojos son la
nada, llama ceniza que solo desborda lo que se desborda en
la soledad acompañada.

Te inventé un nombre que te quitaste de la boca, una brida
amarga en el secarral de las sábanas. Me tocas como si tocases
una pieza de mármol, soy una concavidad en la que yacer
muerto, dejar la piel muerta y los fluidos vivos, y no me
miras, soy un cuerpo degollado, faltan piezas y tu deseo dura
lo que dura un segundo. ¿Qué te costaba el poder adularme?

Te inventé un nombre, a falta de un océano en el que
zambullirme. La zambullida pasa por no preguntarme
jamás por qué no me miras con los ojos que ahora miras a
los demás. Eres una llanura abierta y tu velocidad es silencio,
eunuco de cuerpo que no emana el deseo. Y la melodía roza
el tacto que hace temblar mi puerta, y es la puerta la que
se cierra con la fuerza del viento. Es la espera. La certeza.
Qué difícil es saberse creador y creado, lo que dura un verso
en los labios equivocados y dejar como aquel que lucha
embravecido. Callar. Respirar. Escribo estas líneas mientras
purifico los poros y las pieles muertas, mis fluidos vivos.

Estoy tan vivo y me he sentido tan muerto, creyendo que lo mío, lo que sostengo ahora mismo, estaba entre tus brazos.

EL PÁJARO QUE...

Hay pájaros que solo lloran cuando se dan cuenta de la noche.
Ellos se ponen en fila.
El embiste les pilló de caza.
El pájaro se posa en la rama, pero vuela tan suave
como copos de nieve inundando el omóplato.
No puedo gritar si la traducción es incorrecta.
No hay esperanza para los vencidos.
El ahogar es inercia de verano.
No hay nada más que los muertos.
Todo es un bodegón en un cuadro.
No puedo señalizar las muescas.
Los pájaros sólo lloran cuando se dan cuenta de la noche.

LA LIBERTAD

¿Es la libertad
una extraña entre posibilidades?

La rosa que abrazamos tenía forma de vínculo,
es remo que se posa en el agua,
cava para guardar.

Caminamos por las ruinas estiramos la soga
en el extremo mismo del tejado
no nos decidimos a salir a las nubes
el hálito
que proferimos nos engañamos
un poco más.
Tu miedo es mi miedo y como una réplica perfecta
atrapamos la noche.

Como un pajarillo con las ventanas rotas
nos dejamos caer
huesos los que han de morirse no oírse
la rosa se apura
en los labios,

hay sutiles esquirlas
en nuestros zapatos.

¿Es la libertad
una extraña entre los recuerdos propios?

LAS FLORES SALVAJES

Revolver las flores muertas, la sinestesia, un cuerpo vivo que
flota; y los cisnes, y los gajos de mandarina en la arena. Tu
mirada fija en un punto marino, repleto de recuerdos y
palabras que ahora, aquí, ya no significan.

Revolver la arena de la playa, los pies descalzos mojados en
la evidencia de la orilla. Hay un aroma dulce de cereza, tus
dedos pernoctan, tu piel come del fuego por donde antes
había fango. Y centro la mirada en las luces titilantes ¿dónde
estarás?, ¿lo que eres tú ha aparecido por alguna razón?.
Tú eres tú y también desapareciste por alguna razón. Un
relámpago recorriéndome por entero. No significa, pero
dueles.

Revolver el trébol de cuatro hojas, hierba con perfume en la
palma de mi mano. Un susurro enterrado en mi oído, y mi
cuello sosteniendo un océano que chapotea caliente, recién
hecho, por las sábanas, las últimas. La noche se abre y juego
a olvidarte; un acto inevitable, las sombras recorriendo el
campo lleno de lilas. No significa, pero lo significa todo.

Las partículas que huyen revueltas por el viento se posan
tranquilas en algún punto lejano.
Serán las flores salvajes.

YO DESMIGO TU ROSTRO

Las hormigas juegan con el pan
una estampida
que se esparce
por las noches llenas de stalkeo
de inercia
de cuervos.
¿Es la hora azul la que elegiste para marcharte?

¿Dónde te fuiste, amor,
dónde?

No hay aviso de remitente
el desmenuce empieza con la semántica de la fuga.

La curvatura de tu cuerpo es un hueco en mi pecho.

Me esfuerzo en aparentar que el pegamento atina,
que hablo razonablemente bien borracho
que preparo las calorías perfectas en una cena deliciosa
que no recuerdo tus secretos,
sólo desmigo
tu rostro.

No se zanja, no hay remedio
cuando la sangre cala,
desmigo las horas doradas.

Es la quietud quién me abruma.

ABRES UN SALÓN

Hay algo inquietante en una puerta que se abre a un salón que conoces
ves a dos personas peleando, dos caras y cuatro manos en cruz
en un retablo
el silencio estalló en sus caras con las calabazas en el agua
en la mesa
las avispas danzan
ves el significado de sus movimientos
en la ira que supuran
boquiabiertos los enseres que ahora temen
el verano
se sacan cuchillos de unos cajones llenos
de horizonte
y la danza de las abejas es ahora danza en movimiento
quieren carne fresca
quieren justificar
el frío
los vampiros se desangran viendo a los vecinos
en sus aposentos
y no se definen las palabras,
la frontera es un precipicio de una altura considerable
como los miedos,
todo será poner precio al cemento
y establecer los límites del suelo y lo acatable
no salirse jamás,
hay algo inquietante en esto de no reparar
dos personas que se pelean

el silencio les estalló en sus caras
son sus enseres los que temen el verano
cebollas podridas
todo es su horizonte.

(DES)AMÁNDONOS A NUESTRA MANERA

esta quietud
        tu pecho alcanza el
        arriba y el abajo
        segunda piel

barba roza, hiere imperceptiblemente a la mía.
                                rosa que se abre
        la convivencia
                                se arremolina
        en una segunda voz

        no miras atrás.
        más fuerte
la mancha que ensucia
        es otra forma.
                        Y puedo sentirlo.
                Olvidar es cerrar los ojos.

NATIVO INVASOR

es
un sacrilegio
invadir tu espacio
        es
como palpar la fruta
husmear los huesos en las brasas
alterar una fiesta diciendo un nombre
        es
        seccionar cada órgano de una casa
        aplastar un sueño y dejarlo sobre la mesa
no respirar para ser un nativo en esta tierra
y es un sacrilegio permanecer contigo
        si ahora hay tantos ojos tanta abundancia en lo que
ahora
        es
fue nuestro espacio.

        Qué extraño encontrar las hojas secas en el huerto.
        Ha arrasado el frío.
        Es parte del cuerpo que dejamos.

ME ENAMORO DE QUIEN NO DEBO

Hay chicos que me prometen la luna
con la nitidez
en sus andares.
Luego el silencio es silencio
Las ataduras les ocupan tanto
que no dejan tiempo para la voz.
Me siento en el tejado para admirar
su brillo el humo.
El ruido lo oculta todo.
Me enamoro de quien no debo.
Lo sé.

A todo el mundo le gustan las promesas, ¿no?
Al final han perdido.
Me he acostumbrado a su intermitencia,
en esos labios nunca estás,
estos chicos sonrientes
te dan un poco de magia, ¿no es así?
Se supone que es lo que estoy buscando
manos grandes y un cuerpo decapitado
que sea espejo de lo que no tengo.
¿He caído otra vez en la trampa?
¡He caído en la trampa!
Tal vez mi psicólogo
me ha abierto la herida
para que ame a través de la sangre.
Tal vez mi trauma solo sea
la excusa.

Me enamoro de quien no debo.

Hurgo en el lago, me maquillo como un macho,
les digo cosas que sé que quieren (oír)
mientras mi rostro traspasa el espejo
con heridas lagartija
que cambian de sitio.
Tal vez mi trauma solo sea la excusa.
¿Se supone que he de sentarme en el suelo a escuchar
mi déficit, cierto?
Estoy otra vez en el principio.
¿Y qué?
Hay algo hermoso en ello.

IV

TERAPEUTA

La curación pasa por quebrar la piel. El mecanismo que una vez fue la sangre se somete a la voluntad del cuerpo (cuerpo corrupto cuerpo deforme) que sabrá cubrir tejido vaina hasta cerrar la herida.

Ahí opero. Ahí convivo.

MECANISMOS FÚTILES MECANISMOS

Es el miedo adherido es la piel cayendo son las hojas
moviéndose es la melodía sonando es la cafetera a pleno
rendimiento es la herida que se abre es el miedo adherido
es el miedo otra vez inundando es el silencio ruidoso son las
palabras que no se dicen, es mi bolígrafo con la tinta seca es
la palabra que no avanza es el mecanismo fútil es decir te
quiero te acompaño es el Joker que llora es la esperanza que
es peligrosa es cosa de decirla a tiempo y entonces lloras y los
mecanismos fútiles mecanismos se deslizan hasta sembrar el
campo. El trigo. Tú.

NÓMADAS

Me nutro con el salvaje celeste del cielo,
quiero estar desnudo,
que mis lágrimas rieguen las
voces grito
de las habitaciones cerradas
polillas
volando hacia el esternón.

Soy nómada
confundiste
la manera de moverme
con un dolor
que se confunde con el verano
un surco natural ya sembrado
crees que nunca se derramó
se derramó por todas partes
estoy bien,
cierro tu sonrisa
con mis dedos.

Soy nómada
las canciones sanan esa parte
que no hace falta que conozcas
aún,
y crece, crecen las ganas el frenesí
el primer paso
comienza con tus manos entrelazadas
decirte
y llorar.

Las olas tocan las rocas
el sol tuesta las fotos viejas
por la fuerza de esta mañana
en tus brazos
soy nómada
sólo me necesito a mí,
y tal vez, seguro,
un poco de ti.

ÁNIMA

Largo domingo, larga luz de ocaso.

Me despiertas con un extraño llamamiento,
dices que de las cenizas saldrá algo bueno,
viendo, viendo lo profundo que es este eco en la boca de mi
cuello.

Largo domingo, larga luz de ocaso.

Te enredas en mis piernas con hexágonos poliédricos en mi
piel,
tus diminutos brazos me aprietan con quietud,
luciérnaga centrífuga de noches
y oportunidades incipientes.

Largo domingo, larga luz de ocaso.

Me quemas las escamas y me haces llama de tierra,
urbanita caliza con sueño perdido y deseo cotidiano,
quemas mis visiones en una hoguera de recuerdos,
y me gritas,

ME ANIMAS

a volar, y de una crisálida vibrante tela de insecto,
saldré propulsado, renacido,
como un lobezno imberbe, hambriento
y salvaje.

oh, largo domingo,
larga luz de ocaso.

LA PERMANENCIA

Estoy en ti
Estoy en lo que hicimos
Estoy en los besos
Estoy fuera de ti
Estoy sobrevolando
Estoy en una tierra angosta
Estoy en (lo que fue) nuestra piel
Estoy en cada llama y en las cenizas
Estoy en lo que (no) fuimos
Estoy repitiendo(me)
Estoy en duelo
Estoy germinando
Estoy solo
Estoy lleno

Estoy en cada puerta de plomo
Estoy en la posibilidad
Estoy en el crash

Estoy
Estoy en mí

ONLINE

La inspiración surge en espacios intermedios
el ruido es una bala
con una forma precisa
la dubitativa verdad
entre un tren
y el siguiente.
Todo el rodeo es para llegar a ti.
Lo veo todo,
lo atravieso todo.
Soy una lágrima que aún no ha comenzado a caer.
En línea estoy.

LAS COSAS BELLAS

Tumbado en la cama
atrapado en un tiempo,
en un lapso,
en un bucle,
soy un insecto en busca de una forma humana,
un mensaje,
un cráter en el que yacer.

Atrapado por querer encontrar todas las
cosas bellas,
todas esas cosas que no están,
que no llegan que parecen reservadas
para otro - otros.

Tumbado en la cama
atrapado en un tiempo
que es espera,
donde mi cuerpo y la tierra son estériles para el sol
que parece no perdonar.

Resquebrajarse porque no están, no llegan
y sí, hay algo de todo eso en lo
que hago
para mantener el fuego y lo mantengo,
lo mantengo entre mis dedos.
el sol me reclama
la tierra está caliente y la confundo con lo de
aquí,
dentro.

Resquebrajarse para recomponer.
Recomponerme con cada acto cotidiano,
con un candor propio de las libélulas.

Atrapado en esta habitación
en el bucle en este tiempo
en este lapso
entiendo que las cosas bellas
todas las cosas bellas
están aquí,
y la notificación es casi una caricia
en la dermis erógena
de amor y de cariño.

Lo entiendo al fin
las cosas bellas
todas están donde
deben de estar
como el sol calienta
la ternura del campo,
la sonrisa
en mis pupilas.

SANADOR HERIDO

Herida que con herida se cura.
Herida de lágrimas se consuela.
Canción que es remanso. Semilla que es sonrisa imperfecta.
Extrañeza en cada intento.

Perder el tiempo mirando las nubes grises,
la boca hambrienta, el brillo en los ojos de alguien que vive lo
que tal vez tú no vivirás.
Tal vez sí.
Perdiendo el miedo a no llegar a ninguna parte.

La herida que se sana escuchando a otra herida,
emanando flores de donde otros solo vieron carne muerta,
acinética.

El barniz invisible en mis ojos.
La ambivalencia de vivir.

LAS NOTAS A PIE DE PÁGINA

Anotar la marea en tus ojos
mientras las palabras se acoplan a una melodía de piano.
Tu dolor es un golpe que me sacude de cuello a muñecas, mientras yo
atiendo a cada géiser en fuego vivo, para que tú puedas
agarrar la
tecla, agarrarla bien fuerte,
y elaborar un barniz brillante;
las palabras están descarnadas por que no conocieron refugio hasta
que toco,
tú hablas es red tejida y el tejido algo gris que será algo hermoso muy
acogedor, después.
Suelo estable del que volar
como un precipicio pero del revés.

No tengas miedo, estaré.

SALVARME

En la orilla
de los sonidos de los cubiertos
de las palabras que no escribo
que nadan en el tintero

tu mirada me escudriña,
y como un fulgor intermitente
comienzo a decir

lo que tengo que decir,

cayendo el castillo
por la insoportable certeza
de que estoy quemando este hábito

o moriré aplastado por el hielo,

me pregunto si explotar es exactamente esto,
hablar hasta que tiemblo
con todos mis tabúes extintos
todos ahora altos y subrayados,

solo hablar.

CON LOS PASOS

He intentado obviar el nombre.
El peso.
El no vuelo.

A veces he intentado borrar de mi piel la huella.
Ahí es.
La cicatriz comienza.
Volar en círculos.
Se extingue

y de las pieles surge la bestia,
la cuna,
la cáscara,
la raíz.

Ser un nombre
a través del cuerpo,
con los cuerpos.

Me tengo.

La carne ha descifrado el camino.
La cicatriz es,
cerrando.

TENER TENGO LOS MONSTRUOS

…salvajes domados
el inicio de cada llama de cada palabra
de cada avalancha
dispuestas todas juntas todas dispuestas en el bolsillo en un
traje
con una-la sonrisa y el oro y el pincel
para delinear el comienzo y el contorno
de tu dolor de tu desasosiego de tu inspiración de los hilos
tú.
Tener tengo las criaturas los monstruos mis monstruos salvajes
bien domados
y del niño rey del planeta lleno de hierbajos y de una flor es
una rosa
punteando el contorno y las sombras
pongo los pinceles a remojo
en una esencia aceite esencia específica
y de la dulzura de las heridas de mis heridas de lo que sé
de lo que clareo aclareo y sé
sabré dar color a tu realidad
al significado que darás
hasta que
y las criaturas los monstruos salvajes domados quedarán
tan despacio (¡tan deprisa!)
en ti

CORRE, CORRE, CORRE

La música en el porche, las libélulas en tus manos. La
madreselva cayendo por tu pelo. Es la narrativa de la huida
(otra vez), la paradoja del salto, la belleza de acortar el
tiempo
meter lo que has vivido en un instante,
en una carrera.

¡Corre, corre, corre!
El torbellino, y los bocados, y la basura no importan tanto (he
aprendido a relativizar los lobos). El estruendo es por las
estrellas y es por las redes. Es por lo que haces a la carrera en
un instante, en la luna, creciendo en el horizonte, saliendo
de la maleza
de lo que se ha cortado y a la vez brota como si los diávolos y
los díscolos no importaran tanto,
ni por la bilis que una vez supuró las paredes,
y es que no me importan tanto.
Ni vuestras miradas de supuesta desaprobación.
Es la belleza en la carrera, es la perfección. Es seguir, es la
narrativa de huir de lo que te hizo daño, tener claro lo que
no.

Carámbanos de un sótano a plena luz de la tarde,
en la carrera,
en las risas.

¡Corre, corre, corre!

EMDR

La llama
tan cerca
imantada
en un lugar
en tu pecho
Lo insignificante
cobra vida
por un dedo
y el disparador
es un abrazo candelabro
por una memoria
desechada
Es la puerta
es el arpa
es el simulacro disociado
nadando cerca
de la superficie
que quema
la espalda
me asfixia
el deseo
hasta que corro
con seguridad
de una risa
Es la risa
el alambrado
de lo que se encaja
mientras hurgo

en la herida
el barniz
se estremece
bullen las lilas
Y como onda
deja salir
el pus
de dentro
del pus
Y todo llega
al punto
del fin

CALLA AL ESCÉPTICO

La vaina dispone las semillas
por el jardín.
Estarán todas acomodadas,
coge la más procaz, será la primera.
Calla al escéptico que te repite
su tumba ego
de salir corriendo,
la ira y el miedo no se enfrentan con patas.

La herida se queda quieta
hurgando el moho.
La golosa ficción
administra su toxina.
Las mariposas pueden posarse en la piel.
Recoge los restos y adecenta
lo que no
está
a simple vista
en la habitación.

La metamorfosis requiere espacio abierto.
Quedarse escuchando en lo que hay detrás
de ese rumor.
Agua fresca.
Tu boca dibuja la línea de
un ejército de auxilios
hecho a mano
por y
para ti.

Calla al puto escéptico
con su traje niebla arrollando tu jardín.

ATRAPASUEÑOS

Coger mariposas es mi especialidad.
Me dijeron cosas que hacen sangre cuando era niño.
me esforcé para...

Y tuve que romper.
Hacer fue un deshacer.

Las guardé debajo de la tierra.
Creciendo flores
tan suaves
como los rayos escurridizos del día.
No, no me hicisteis débil.
Abrazo la espina como si fuera un órgano de mi cuerpo.
Y continúo navegando por algo tan cercano,
surco los límites que antes eran una huella.
Soy tan fuerte como una rama de junco
creciendo tan suave.
Enmarañando pensamientos.
Hacia algo que parece magia.

Coger los sueños
es mi especialidad.
Escribo un poema.

POESÍA COMO AGUJA

Poesía como barrera
y herramienta
de no mirarse,
no penetrarse,
como si las alas de la mariposa
portaran también un velo

envenenado.

Lo que uno mira de lejos
no es lo mismo que de cerca.

Poesía como aguja
no como dulce
ni acomodaticia manta,
taladrando rocas
hasta significarse.

ÍNDICE